Zum 70.

Deine ganz persönliche Zeitreise

GROH

Der neue Mitbewohner wird stürmisch begrüßt

Berühmte Geburtstagskinder der 40er-Jahre

Herzlichen Glückwunsch
zum 70. Geburtstag

70 Jahre – was für ein schönes Alter! Ganz gleich, ob du in großer Runde feierst oder im kleinen Kreise deiner Liebsten – dieser Tag gehört dir. Lass dir von Herzen zu deinem Ehrentag gratulieren!

Ein ereignisreicher Teil deines Lebens liegt bereits hinter dir. Komm mit auf eine kleine Zeitreise und lass die Jahre deiner Kindheit und Jugend noch einmal Revue passieren.

11.09.1945
Franz Beckenbauer
19.08.1946
Bill Clinton
21.09.1947
Stephen King
12.04.1948
Joschka Fischer
22.02.1949
Niki Lauda

Vom Kinderwagen aus werfen wir erste Blicke in die Welt

Wie schön,
dass es dich gibt!

Als wir zur Welt kommen, bricht nicht nur für unsere Eltern ein neuer Lebensabschnitt an, für so ziemlich die ganze Welt beginnt eine neue Zeitrechnung. Der Krieg ist vorbei. Auch unsere Geburt ist ein Symbol dafür, dass die Menschen wieder an die Zukunft glauben. Alle Energie wird jetzt dem Wiederaufbau gewidmet.

Die späten 40er-Jahre sind eine Zeit neuer Hoffnung. Unsere Eltern sind voller Zuversicht, dass uns eine sonnige Zukunft bevorsteht. Und sie tun alles dafür, uns den Weg ins Leben so schön wie möglich zu gestalten.

Den Umgang mit der Rassel
beherrschen wir schon ganz gut ...

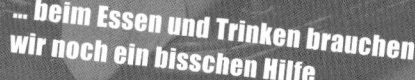

... beim Essen und Trinken brauchen
wir noch ein bisschen Hilfe

Unsere
Liebsten

Die beliebtesten Mädchen- und Jungennamen deiner Generation:

1. Karin	1. Hans
2. Renate	2. Peter
3. Monika	3. Klaus/Claus
4. Ursula	4. Wolfgang
5. Ingrid	5. Jürgen
6. Helga	6. Dieter
7. Gisela/ Giesela	7. Manfred
8. Elke	8. Uwe
9. Brigitte	9. Günter/ Günther
10. Christa/ Krista	10. Horst

Hits

deiner Kindheit

1945: The Andrew Sisters –
Rum and Coca-Cola

1946: Hans Bardeleben & Cherokees –
Wochenend und Sonnenschein

1947: Maria Andergast & Hans Lang –
Mariandl

1948: Karl Berbuer –
Wir sind die Eingeborenen von Trizonesien

1949: Rudi Schuricke –
Capri-Fischer

1950: Jupp Schmitz –
Wer soll das bezahlen

Kino-Highlights

deiner Kindheit

1945: Ich kämpfe um dich
mit Ingrid Bergman

1946: Die Mörder sind unter uns
mit Hildegard Knef

1947: Ist das Leben nicht schön?
mit James Stewart

1948: Der Schatz der Sierra Madre
mit Humphrey Bogart

1949: Der dritte Mann
mit Orson Welles

1950: Das doppelte Lottchen
mit Liesl Karlstadt

Der Marshallplan
unterstützt Europa

Der Marshallplan (offiziell *European Recovery Program,* kurz: ERP) tritt im April 1948 in Kraft – für Europa ein entscheidender Schritt in eine bessere Zukunft: Um die europäische Wirtschaft wieder zu stabilisieren, stellen die USA fast 14 Milliarden US-Dollar für den Wiederaufbau Europas bereit. Die Hilfe erfolgt einerseits in Form von Rohstoffen, Lebensmitteln und Waren, andererseits in Form von Krediten, die den Ländern eigenverantwortliches Handeln ermöglichen sollen. Dem Osten wurde auf Stalins Anweisung die Hilfe verweigert. Das groß angelegte Wirtschaftsaufbauprogramm der Amerikaner verfolgt auch das Ziel, eine Ausbreitung des Kommunismus in Europa zu verhindern.

Wir lernen früh, uns selbst zu beschäftigen

Kindliche
Sorglosigkeit

Der Optimismus in der Bevölkerung wächst nach dem Krieg zunehmend, auch wenn die ersten Jahre nicht einfach sind. Für viele von uns ist eine der frühesten Erinnerungen das enge Zusammenleben mit Verwandten oder sogar Fremden, denn an Wohnraum herrscht großer Mangel. Alle Kräfte werden mobilisiert, um Deutschland gemeinsam wieder aufzubauen. Wer kann, packt mit an.

Kräftige Männerhände fehlen nach dem Krieg, und so sind die Frauen besonders gefordert. Für uns Kinder heißt das, dass wir schon früh lernen, auf uns selbst und aufeinander aufzupassen.

Zusammen ist es uns nie langweilig

Während unsere Mütter Trümmer abtragen oder auf dem Feld arbeiten, beschäftigen wir uns allein. Richtiges Spielzeug haben wir wenig, aber wir finden immer etwas, womit wir uns die Zeit vertreiben können. Wer auf dem Land aufwächst hat es leichter: Bäche, Wälder und Wiesen bieten genug Platz und Abwechslung zum Toben und Spielen. In der Stadt treffen wir uns mit den Nachbarskindern im Hof zum Ballspielen oder Seilhüpfen. Oder wir „erforschen" eine der Ruinen in der Umgebung – heimlich, denn in den kaputten Häusern zu spielen, ist uns eigentlich streng verboten.

Konrad Adenauer –
Staatsmann und Erfinder

Am 15. September 1949 tritt Konrad Adenauer sein Amt als erster Bundeskanzler der Bundesrepublik Deutschland an. Damals ist er bereits 73 Jahre alt. Die Bundestagswahlen vier Jahre später im September 1953 zeigen, wie viel Vertrauen sich der Kanzler in nur einer Amtszeit bei den Bundesbürgern erwerben konnte. Und die Ära Adenauer ist damit noch längst nicht zu Ende. Während seiner 14-jährigen Amtszeit stellt „der Alte", wie er auch genannt wird, entscheidende Weichen für die BRD. Als eines seiner größten Verdienste gilt die „Heimkehr der Zehntausend": Bei einem Besuch in Moskau im September 1955 erreicht Konrad Adenauer, dass die letzten deutschen Kriegsgefangenen aus der Sowjetunion in ihre Heimat zurückkehren dürfen.

Der schlagfertige Rheinländer ist aber nicht nur ein durchsetzungsfähiger Politiker, sondern auch ein kreativer Erfinder. Neben einem elektrischen Insektentöter gehören das beleuchtete Stopfei, ein Mehrzweckgartengerät und eine Sojawurst zu Adenauers Erfindungen.

Ordnung
und Disziplin

Als wir in die Schule kommen, ist es mit der Freiheit vorbei.

Es herrscht Lehrermangel und die Klassen sind groß. Umso mehr wird auf Ordnung und Disziplin geachtet: saubere Fingernägel, ordentlich gescheiteltes Haar und geputzte Schuhe gehören dazu. Wer den Unterricht stört, muss es sich gefallen lassen, vom Lehrer an den Ohren gezogen zu werden oder eine Kopfnuss zu kassieren.

Das lange Stillsitzen fällt uns am Anfang nicht leicht. Wenigstens können wir in den Pausen ein bisschen toben. Dann spielen wir Fangen oder Hüpfkästchen oder luchsen uns gegenseitig beim Murmelspiel die schönsten Kugeln ab.

Manchmal kommen jetzt neue Schüler in unsere Klasse, die wir ein bisschen merkwürdig finden: Sie sprechen eigenartigen Dialekt, sind anders angezogen und sind mit ihren Familien im Sportheim untergebracht. Es sind „Flüchtlingskinder", wie uns der Lehrer erklärt. Viel können wir uns nicht darunter vorstellen, aber wir werden ermahnt, besonders nett zu ihnen zu sein.

Die Klassen sind groß,
denn an Lehrern mangelt es

Wir sind vorerst noch mit dem Rad unterwegs

Von Zweirädern
und Vierrädern

„Das Ein- und Aussteigen ist beim Kabinenroller etwas anders ..."

Messerschmitt KR20

Unser eigener fahrbarer Untersatz hat zwei Räder und ist nur so schnell wie wir selbst in die Pedale treten. Häufig ist er aus alten Fahrradteilen selbst zusammengebastelt und weit entfernt von dem, was man heute als verkehrssicher bezeichnet.

Mitte der 50er-Jahre besitzen noch nicht viele Familien ein Auto. Einige von uns sind bereits zehn oder zwölf, als sie ihre erste aufregende Autofahrt miterleben.

Um möglichst vielen die Anschaffung eines Autos zu ermöglichen, werden jetzt viele Kleinstwagen produziert. 1955 rollt das erste Goggomobil vom Band; eng für eine vierköpfige Familie, aber motorisiert. Noch lauschiger ist es im Messerschmitt Kabinenroller. Das auch unter dem Namen „Schneewittchensarg" bekannte Gefährt ist ein Zweisitzer und hat rund 10 PS. Papa träumt natürlich eher von einem Mercedes 190 SL oder einem Cadillac Eldorado ...

„... als Sie es bei anderen Fahrzeugen gewöhnt sind. Vor dem Öffnen der Haube überzeugen Sie sich, ob rechts des Fahrzeugs auch genügend Platz ist. Haube langsam anheben und nach rechts überkippen, bis der Lederriemen straff gespannt ist. Nun, wie folgt, Platz nehmen ..."
Der Auszug aus der Bedienungsanleitung des Kabinenrollers zeigt, dass der kleine „Flitzer" ein bisschen anders war als gewöhnliche Automobile.

Fußball-WM:
Das Wunder von Bern

1954 findet die Fußballweltmeisterschaft in der Schweiz statt. Sie wird erstmals live übertragen. Fernseher stehen allerdings noch in kaum einem Haushalt; geschaut wird in Kneipen (gegen Eintritt), auch vor den Rundfunkfachgeschäften sammeln sich Menschentrauben. Wer keinen Zugang zu einem Fernseher hat – und das sind die meisten – der lauscht dem Radio.

Unvergessen ist bis heute die Berichterstattung von Herbert Zimmermann: „... und Bozsik, immer wieder Bozsik, der rechte Läufer der Ungarn am Ball. Er hat den Ball – verloren diesmal, gegen Schäfer. Schäfer nach innen geflankt. Kopfball – abgewehrt. Aus dem Hintergrund müsste Rahn schießen – Rahn schießt – Tooooor! Tooooor! Tooooor! Tooooor!"

Mit diesem Tor von Helmut Rahn gewinnt Deutschland die Fußballweltmeisterschaft 1954 mit 3:2 gegen Ungarn. Die deutschen Fußballfans liegen sich im Freudentaumel in den Armen.

„Fein" macht man sich meist nur am Sonntag

Kleider
machen Leute

Ist das Geld auch noch so knapp, ein sauberes, ordentliches Äußeres ist Anfang der 50er-Jahre Pflicht.

Ginge es nach der Werbung, so verließe eine Dame nie ohne Hut, Handtasche und Handschuhe das Haus – alles sorgfältig aufeinander abgestimmt, versteht sich.

Die Realität sieht meistens so aus, dass die „gute" Kleidung nur am Sonntag oder zu Feierlichkeiten aus dem Kleiderschrank geholt wird, sie soll ja schließlich eine Weile halten. Sobald man aus der Kirche oder vom Spaziergang nach Hause kommt, wird der Sonntagsstaat dann wieder gegen ein einfaches Kleid oder eine Kittelschürze getauscht.

Unsere Kleidung muss vor allem praktisch sein

Wir Kinder haben es einfacher. Gerade die Jungs tragen ihre Lederhose tagaus, tagein. Und das sogar gerne – denn die darf wenigstens schmutzig werden. Die Mädchen tragen Röcke oder Kleiderschürzen und Kniestrümpfe, die dauernd rutschen.

Leider müssen auch wir einmal in der Woche die unbequemen Sonntagskleider anziehen. Besonders verhasst ist auch der 14-tägige Friseurbesuch. Selbst Opas spärlicher Haarkranz wird alle zwei Wochen gestutzt, damit die Haare keinesfalls auf den Kragen stoßen.

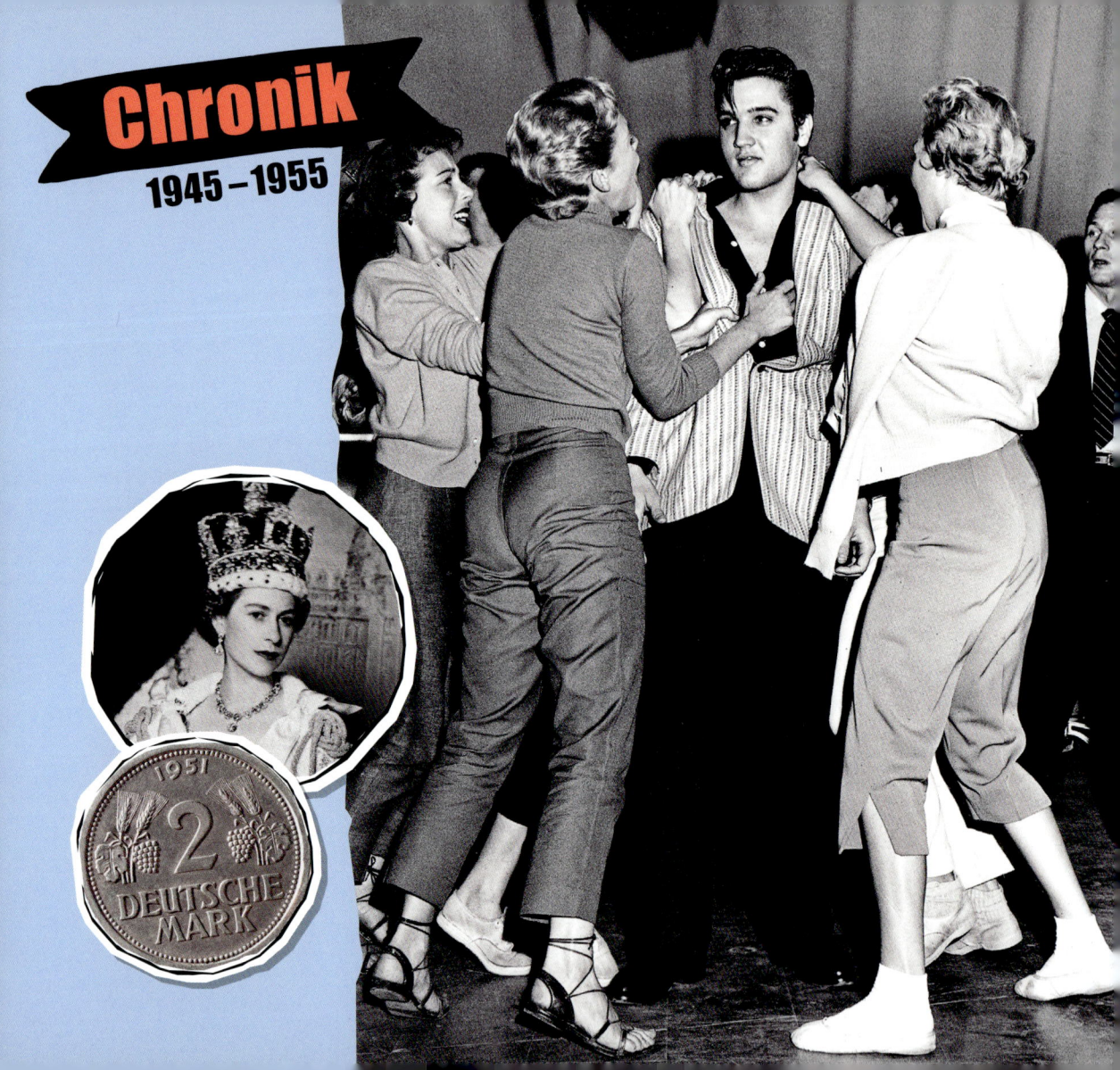

Chronik

1945 – 1955

08.05.1945

Mit der bedingungslosen Kapitulation der deutschen Wehrmacht endet für Europa der Zweite Weltkrieg. Japan kapituliert vier Monate später.

Frühjahr 1946

SPD und KPD werden zur SED, der Sozialistischen Einheitspartei Deutschlands, zwangsvereinigt.

20.06.1948

Die Reichsmark geht, die D-Mark kommt – und mit ihr füllen sich die Schaufenster.

23.05.1949

Das Grundgesetz tritt in Kraft – es ist die Geburtsstunde der Bundesrepublik Deutschland.

07.10.1949

Die DDR wird gegründet und Otto Grotewohl zum ersten Ministerpräsidenten ernannt.

05.08.1950

Gründung der Arbeitsgemeinschaft der öffentlich-rechtlichen Rundfunkanstalten der Bundesrepublik Deutschland (ARD).

22.03.1953

Mit der Partie Deutschland gegen Österreich wird erstmals ein Fußballspiel im Fernsehen übertragen. Es endet 0:0.

29.05.1953

Als erste Menschen besteigen der Neuseeländer Edmund Hillary und der Sherpa Tenzing Norgay den 8.848 Meter hohen Mount Everest.

02.06.1953

Die britische Kronprinzessin Elizabeth wird in London zur Königin gekrönt.

05.07.1954

Elvis Presley nimmt in einem Tonstudio in Memphis seinen ersten Song „That's All Right, Mama" auf.

September 1955

Heimkehr der Zehntausend: Konrad Adenauer erwirkt die Freilassung von 10.000 deutschen Kriegsgefangenen sowie die Aufnahme diplomatischer Beziehungen mit der Sowjetunion.

01.08.1955

In Österreich feiert der Fernsehsender ORF Premiere.

„Mehr Zeit für die Familie" wünschen sich in den 50er-Jahren viele Väter

Mehr Zeit
für die Familie

Die deutsche Wirtschaft ist im Aufschwung. Nicht zuletzt deshalb, weil die Bevölkerung großen Einsatz bringt und viel – sehr viel – arbeitet. Nach dem klassischen Rollenmodell ist es meist Papa, der das Geld nach Hause bringt. Doch Anfang der 50er-Jahre arbeitet auch etwa jede vierte Frau. Oft nur halbtags, manchmal aber auch ganztags. Manch eine(r) von uns kommt mittags aus der Schule und ist sich selbst überlassen. Doch diese „Schlüsselkinder" lernen dafür früh, selbstständig zu sein.

Gemeinsame Zeit mit den Eltern gibt es jedenfalls für viele von uns nur abends (wobei Papa da oft auch seine Ruhe haben will) oder am Sonntag. Der Sonntag ist unser Familientag, an dem gemeinsame Unternehmungen wie Spaziergänge und Ausflüge, Verwandtenbesuche oder ein paar Stunden im Zoo oder auf der Kirmes auf dem Programm stehen.

Anfang der 50er-Jahre ist eine 50-Stunden-Woche mit sechs Arbeitstagen nichts Ungewöhnliches. 1956 startet der Deutsche Gewerkschaftsbund seine Kampagne für eine 5-Tage-Woche mit dem Slogan „Samstags gehört Vati mir". Rund ein Jahrzehnt später erreicht der DGB dieses Ziel flächendeckend.

Unser ganzer Stolz: das Fahrtenmesser

Uns packt
die Abenteuerlust

Viele von uns sind Mitglieder in einer Jugendgruppe oder bei den Pfadfindern. Das ist eine willkommene Möglichkeit für uns, ab und zu von zu Hause wegzukommen und unter uns zu sein. Wir besuchen Gruppenstunden, reden, singen und planen die nächsten Ausflüge.

Als Wölfling sammeln wir unsere erste Pfadfindererfahrung: In unserer Kluft radeln wir mit unserer Sippe am Wochenende raus, schlagen irgendwo unsere Kohte auf oder nächtigen in der Jugendherberge. Wir rösten Kartoffeln überm Lagerfeuer, schwimmen im See und versuchen, mit selbstgebastelten Angelruten Fische anzulocken. Besonders spannend sind die großen Sommerlager, wo verschiedene Gruppen, manchmal sogar aus unterschiedlichen Nationen, aufeinander treffen.

Wir lernen eine Menge nützlicher Dinge, wie uns zu orientieren, erste Hilfe zu leisten und eine Feuerstelle zu bauen. Und trotzdem bleibt jede Menge Zeit für Spaß und Unsinn. Manch einer wächst in dieser Gemeinschaft zum Teenager heran und steigt schließlich zum Ranger auf.

Im Zeltlager haben wir Ruhe vor den Ermahnungen der Erwachsenen

Die neue
Üppigkeit

Ende der 50er-Jahre sind die Zeiten der Entbehrungen endlich vorbei und umso größer ist der Nachholbedarf. Deftige Hausmannskost ist die Regel: Zu einem guten Essen gehört jetzt auf jeden Fall ein nicht zu knapp bemessenes Stück Fleisch mit einer üppigen Soße und reichlich Beilagen – und das nicht nur am Sonntag. Uns ist das nur recht, wir sind jung und wachsen ja schließlich noch. Zur Nachspeise tischt Mama nun auch mal Südfrüchte auf. Und wenn wir unterwegs wieder hungrig werden, legen wir beim Spaziergang noch rasch einen Stopp an der Imbissbude ein.

Die Wohlstandsbäuche wachsen. Mama bleibt zwar weiterhin idealerweise schlank, aber Papa darf ruhig ein paar überflüssige Pfunde zur Schau stellen – eine stattliche Figur zeigt, dass man sich wieder was leisten kann.

Wir langen kräftig zu

Einer der Besten!
LIEBHERR

Technische Haushaltshilfen

In den 50er-Jahren ist die Küche ganz klar die Domäne der Frau. Der technische Fortschritt zeigt sich hier besonders deutlich: Ob elektrische Kaffeemühle oder Handmixer, ob Waschmaschine, Wäscheschleuder oder Tiefkühltruhe – mehr und mehr technische Neuerungen nehmen der Hausfrau die Arbeit ab. Doch dieser Luxus hat seinen Preis. Trotz prosperierender Wirtschaft sind ein Kühlschrank oder eine Waschmaschine eine Investition, für die man sparen muss. Geschirrspülmaschinen sind in den 50er-Jahren noch ein Luxus, der in kaum einem Haushalt zu finden ist.

Je üppiger, desto besser – in den 50er-Jahren darf gefuttert werden. Und wer könnte bei diesen süßen Leckereien schon Nein sagen …?

Heiße
Schokolade

Milch, Sahne, Schokolade, Zucker und Vanillemark in einem Topf unter Rühren erhitzen. Wenn die Schokolade geschmolzen und eine cremige Flüssigkeit entstanden ist, die heiße Schokolade in zwei Tassen füllen. Jeweils mit zwei Esslöffeln Schlagsahne krönen, mit Zimt bestäuben und servieren.

Für 2 Portionen:
250 ml Milch, 150 ml Sahne,
75 g gehackte Zartbitterschokolade,
das Mark einer Vanilleschote,
2 TL Zucker, 4 EL geschlagene Sahne
und Zimt

Frankfurter Kranz

Eier trennen, Eiweiß mit kaltem Wasser steif schlagen, Zucker dabei nach und nach zugeben. Das Eigelb unterschlagen und die gesiebte Speisestärke-Mehl-Mischung löffelweise unterheben. Teig in die gefettete Kranzform füllen und im vorgeheizten Ofen bei 200 Grad 20–25 Minuten backen. Auskühlen lassen.

Vanillepudding nach Anleitung kochen und abkühlen lassen. Die cremig geschlagene Butter unter den Pudding rühren.

Den Kranz zweimal waagerecht durchschneiden. Auf dem ersten Boden das Kirschgelee verteilen. Zweiten Boden daraufsetzen und mit Vanille-Buttercreme bestreichen. Den obersten Boden obenauf setzen und den ganzen Kranz mit der Buttercreme überziehen. Mit Krokant und Kirschen verzieren. Bis zum Servieren kühl stellen.

Für den Biskuitboden:
4 Eier, 4 EL kaltes Wasser, 200 g Zucker, 80 g Speisestärke, 120 g Mehl, 1 TL Backpulver

Für die Füllung:
250 g weiche Butter, 1 Pck. Vanille-Puddingpulver, 250 g Kirschgelee

Für die Deko:
Krokant und kandierte Kirschen

So sieht modernes Wohnen in den 50er-Jahren idealerweise aus

„Haste was, biste was ..."

Es ist die Zeit des „Wirtschaftswunders". Die private Kaufkraft steigt. Materielle Träume rücken in erreichbare Nähe. Bei unseren Eltern steht das Eigenheim ganz oben auf der Wunschliste. Wer noch keines gebaut hat, der ist Mitglied einer Bausparkasse. Aber auch die Inneneinrichtung wird zunehmend wichtig. Wuchtige Kommoden und Vitrinen machen funktionalen leichten Regalen, Tischchen und Cocktailsesseln Platz. Eine gut gefüllte Minibar gehört ebenso dazu wie Zimmerpflanzen, Stehlampen und eine Fernsehtruhe.

In der Realität wird die „gute Stube" meist nur sonntags benutzt

Bei uns zu Hause ist es allerdings häufig nicht ganz so schick wie im Möbelkatalog. Rustikaler „Gelsenkirchener Barock" und Nippes mischen sich mit modernen Einflüssen. Da gesellt sich die Tütenlampe zu Muttis „altdeutschem" Sofa und die Musiktruhe zum Bergpanorama in Öl.

Die gute Stube wird ohnehin nur am Wochenende eingeheizt. Von Montag bis Freitag findet das Leben in der Wohnküche statt.

Die Stechuhr registriert erbarmungslos jede Verspätung

Start
ins Berufsleben

Hochschulreife und ein Studium sind Ende der 50er-Jahre die Ausnahme. Viele von uns machen nach acht Pflichtjahren ihren Schulabschluss und beenden ihre Schullaufbahn mit 14 oder 15.

Jetzt beginnen wir eine Lehre ... Den Spruch, dass Lehrjahre keine Herrenjahre sind, bekommen wir nicht nur häufig zu hören, sondern auch am eigenen Leib zu spüren. Erst einmal sind wir für die niederen Arbeiten zuständig: Aufräumen, Kehren, Brotzeit- oder Zeitungholen und andere Handlangerarbeiten – aber bloß nicht trödeln! Manchmal freuen wir uns richtig auf die Tage, an denen wir die Berufsschule besuchen dürfen.

Schwer ist aller Arbeit Anfang –
vor allem als Lehrling

Eine Mauer
wird errichtet

„Niemand hat die Absicht, eine Mauer zu errichten!" Mit diesen Worten leugnet SED-Chef Walter Ulbricht noch am 15. Juni 1961 das Vorhaben einer Abriegelung von Ost und West.

Zwei Monate später, am 13. August 1961, einem Sonntag, beginnt um ein Uhr morgens in einer Nacht-und-Nebel-Aktion der Bau eines Bollwerks, das erst 1989 wieder fallen sollte. Deutschland wird entzweit. Streitkräfte der DDR errichten einen „antifaschistischen Schutzwall" – als Zeichen des Sieges über den westlichen Imperialismus. Rund 160 Kilometer lückenloser Grenzzaun und Sperranlagen machen aus Westberlin eine Insel und setzen dem Flüchtlingsstrom der DDR-Bürger in den Westen mit militärischen Mitteln ein Ende. Wie viele Menschen den Versuch, die Staatsgrenze danach zu überwinden, mit ihrem Leben bezahlten, weiß man bis heute nicht genau.

Jugendträume
und Rebellion

Amerika übt in unserer Jugend eine enorme Anziehungskraft auf uns aus. In der Freizeit tragen jetzt nicht nur Jungs die ungebügelten „Nietenhosen". Die Aufregung ist groß, wenn unsere Mutter uns mit der Jeans in der Badewanne sitzend erwischt. Uns lässt das relativ kalt, Hauptsache, die Hose sitzt!

Mitte der 60er-Jahre schwappt die Hippie-Welle nach Europa.

Mit unserem legeren Kleidungsstil wollen wir uns auch ein bisschen distanzieren von den allzu bürgerlichen Werten unserer Eltern. Aber nicht aus jedem, der eine Jeanshose trägt wird gleich ein auf Krawall gebürsteter „Halbstarker" – auch wenn unsere Eltern das befürchten. In erster Linie wollen wir einfach ein bisschen Spaß haben, Musik hören, ins Kino oder zum Tanzen gehen. Auf Lehrer oder Vorgesetzte hören, müssen wir in der Schule oder bei der Arbeit ohnehin tagaus, tagein.

Diskussionen über unsere Musik, unsere Kleidung und unsere mangelnde Disziplin sind zu Hause an der Tagesordnung. „Was sollen denn nur die Leute denken?!" ist wahrscheinlich der meistgehörte Satz unserer Jugend.

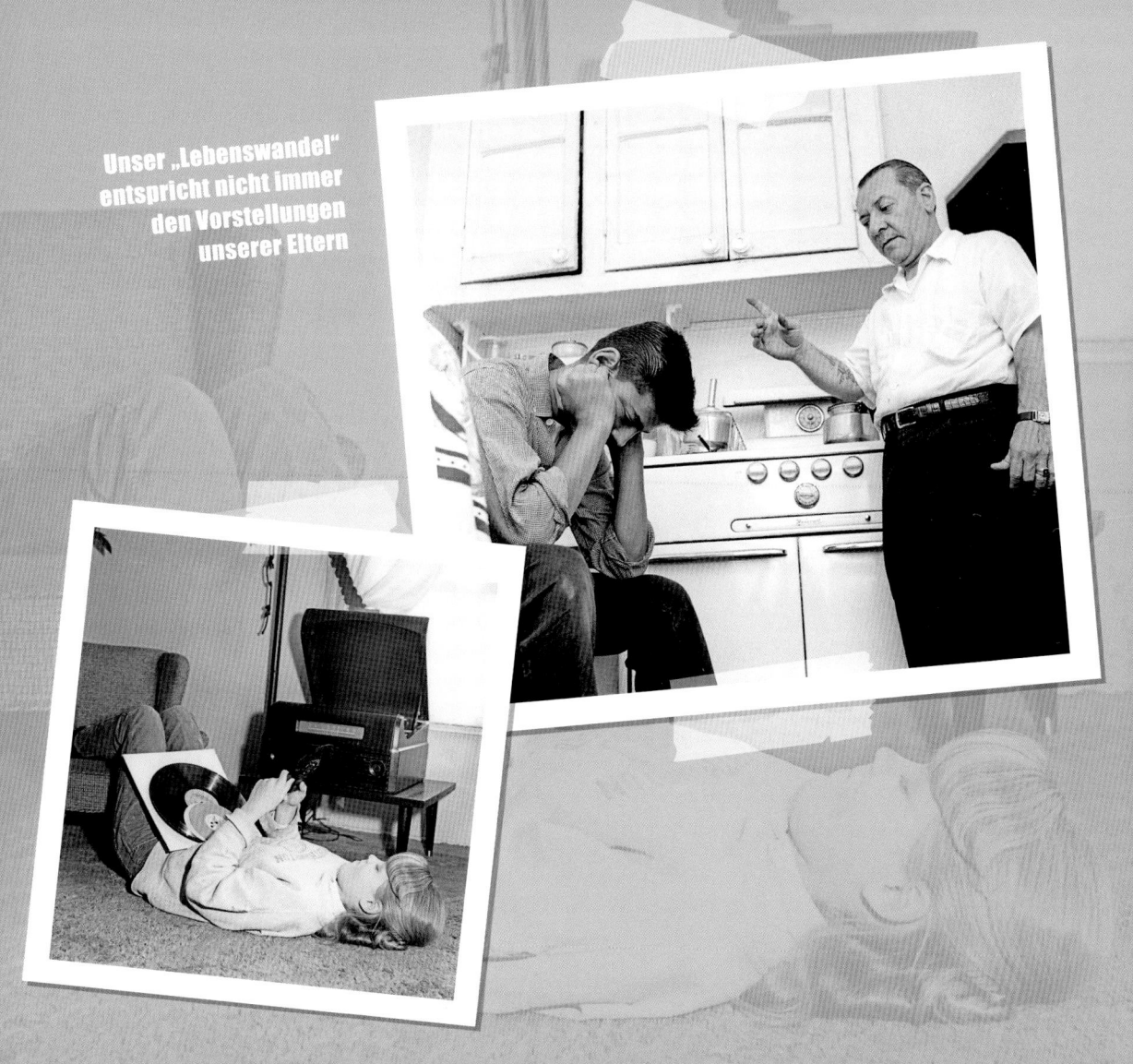

Unser „Lebenswandel" entspricht nicht immer den Vorstellungen unserer Eltern

Teste dein Wissen

Wie gut erinnerst du dich noch an deine Kindheit und Jugend?

1. Der Prototyp welches Gerätes wurde 1948 entwickelt?

a) Fernbedienung
b) Korkenzieher
c) Kugelschreiber

2. Welches beliebte Buch von Erich Kästner wurde 1953 verfilmt?

a) Der blaue Engel
b) Pünktchen und Anton
c) Drei Männer im Schnee

3. Welcher berühmte Heimatfilm kam 1955 ins Kino?

a) Die Mädels vom Immenhof
b) Michel aus Lönneberga
c) Grün ist die Heide

4. Wen heiratete Marilyn Monroe 1956?

a) Henry Miller
b) Arthur Miller
c) Denny Miller

5. Wo fand 1958 die erste Weltausstellung der Nachkriegszeit statt?

a) Brüssel
b) Paris
c) Stockholm

6. Welcher Hit erreichte 1960 Platz 1 der deutschen Charts?

a) La Paloma
b) Itsy Bitsy Teenie Weenie Honolulu Strand Bikini
c) Ganz Paris träumt von der Liebe

7. Welche Organisation wurde 1961 gegründet?

a) UNO
b) Greenpeace
c) WWF

8. Welche Band startete 1962 mit ihrem ersten Auftritt in London ihre Karriere?

a) The Who
b) The Beatles
c) The Rolling Stones

Deutschland sucht
Arbeitskräfte

Durch den Mauerbau versiegt der Flüchtlingsstrom aus dem Osten. Schon 1955 macht sich in Westdeutschland ein Mangel an Arbeitskräften bemerkbar. Deutschland braucht Hilfe. Und die kommt zunächst aus Italien. Ein erstes Anwerbeabkommen zwischen beiden Ländern wird geschlossen. Später folgen weitere Abkommen, unter anderem mit Spanien, Griechenland und der Türkei. Mehr als 270.000 Arbeiter aus Südeuropa kommen bis 1960 nach Deutschland, um hier auf dem Bau oder in der Metallindustrie zu arbeiten. Bis zum Anwerbe-stopp 1973 steigt die Zahl auf 14 Millionen an.

Für elf Millionen Gastarbeiter bleibt Deutschland nur eine Episode in ihrem Lebenslauf. Doch einigen Einwanderern gelingt es, sich trotz der widrigen Start-bedingungen, die sie vorfinden, einzuleben. Sie bleiben und holen ihre Familien nach Deutschland.

Chronik
1956–1965

02.01.1956
Die ersten Einheiten der Bundeswehr treten ihren Dienst an.

25.03.1957
Die EWG, die Europäische Wirtschaftsgemeinschaft, wird gegründet.

03.10.1957
Berlin wählt Willy Brandt zum Bürgermeister.

02.01.1958
In Flensburg wird die Kartei für Verkehrssünder eingerichtet.

28.05.1958
In der DDR werden die Lebensmittelkarten abgeschafft.

01.07.1959
Theodor Heuss geht, Heinrich Lübke kommt. Deutschland hat einen neuen Bundespräsidenten.

12.04.1961
Der sowjetische Kosmonaut Juri Gargarin tritt den ersten bemannten Weltraumflug an.

01.06.1961
Die Anti-Baby-Pille, seit 1960 in den USA zugelassen, ist nun auch in Deutschland erhältlich.

16.02.1962
Eine Flutkatastrophe fordert in Hamburg und an der deutschen Nordseeeküste mehr als 300 Todesopfer.

12.07.1962
In London treten die Rolling Stones das erste Mal zusammen auf.

22.11.1963
Ein Attentäter erschießt den amerikanischen Präsidenten John F. Kennedy.

10.12.1964
Martin Luther King wird mit dem Friedensnobelpreis ausgezeichnet.

25.01.1965
Erstmals werden Rekruten bei der Musterung einem Eignungs- und Verwendungstest unterzogen. Das bisher geltende Losverfahren wird abgeschafft.

04.10.1965
Paul VI. spricht als erster Papst vor der UNO-Generalversammlung. Sein Friedensappell gilt als eine der bemerkenswertesten Reden des 20. Jahrhunderts.

Vor dem Fernseher versammeln sich Familie und Freunde

Filmpalast
oder Heimkino?

Fernsehen wird Anfang der 60er-Jahre zu einer immer beliebteren Freizeitbeschäftigung: 89 Prozent der Fernsehbesitzer, geschätzt 15 bis 20 Millionen Zuschauer, verfolgen 1962 den Sechsteiler „Das Halstuch", eine Krimiverfilmung nach Francis Durbridge. An den sechs Ausstrahlungsterminen sind die Straßen wie ausgestorben. Besitzer von Fernsehgeräten haben plötzlich viele neue Freunde, die sich in der guten Stube zusammendrängen. Jeder will dabei sein, als Faye Collins im kleinen Ort Littleshaw (tatsächlich wurde in Remscheid gedreht) tot aufgefunden wird – erwürgt mit einem Halstuch ... Erstmals fällt der Begriff „Straßenfeger" für einen Film, der die Menschenmassen vor dem Fernsehgerät fesselt. Aber es gibt auch wöchentliche Serien, die wir ungern verpassen, so wie „Die Familie Hesselbach", „Funkstreife Isar 12" oder „Maverick". Sportereignisse wie die Olympischen Spiele oder die Fußball-WM sind sowieso fest eingeplant. Und viele von uns sind dabei, als „Dinner for one" 1963 zum ersten Mal ausgestrahlt wird.

Nicht nur „Lawrence von Arabien" zieht Millionen von Zuschauern in die Kinos. Viele Filme unserer Jugend sind heute längst Klassiker der Kinogeschichte: „Für eine Handvoll Dollar" oder „Goldfinger", „Frühstück bei Tiffany", „Cleopatra" oder „Die Vögel" zum Beispiel.

Tanzen, Feiern, Konzerte besuchen ...

Partys
und Liebe

In den 60er-Jahren wird gerne gefeiert. Auch unsere Eltern laden ihre Freunde häufig nach Hause ein. Ein üppiges Buffet und Sekt gehören dann unbedingt dazu. Manche haben sich in ihrem Eigenheim sogar einen Partykeller mit Bar eingerichtet.

Zu Hause feiern kommt für uns gar nicht in Frage – jedenfalls nicht, solange unsere Eltern irgendwie in Reichweite sind. Wir treffen uns lieber in Tanzlokalen, in einer Bar oder einem Jazzkeller, ordern Cola mit Weinbrand und testen unsere Chancen beim anderen Geschlecht.

... und mit ein bisschen Glück die große Liebe kennenlernen

Erste Annäherungsversuche, eine Verabredung, schüchternes Händchenhalten, noch eine Verabredung und noch eine ... irgendwann der erste Kuss – und plötzlich hat sie uns erwischt: die erste große Liebe.

Bis Mitte der 60er-Jahre geht es recht prüde zu. Die Anti-Baby-Pille ist nicht so ohne Weiteres zu haben und die sexuelle Revolution noch Zukunftsmusik. Aber auch wenn wir uns heimlich im Wald treffen müssen, wir genießen die Rendezvous, die Schmetterlinge im Bauch, die Liebesschwüre und das gemeinsame Pläneschmieden. Gehalten hat die erste Liebe zwar nahezu nie – aber an sie erinnern tun wir uns doch gern.

Eine kleine Zeitreise
nähert sich dem Ende ...

Erst im Rückblick erkennt man, wie rasant sich die Welt in den ersten zwanzig Jahren unseres Lebens verändert hat. Aus Mangel wurde Wohlstand. Die sichtbaren Spuren der Zerstörungen des Zweiten Weltkriegs, die noch in unserer Kindheit zum Straßenbild gehörten, sind beseitigt. Die Wirtschaft boomt. In Deutschland herrscht Vollbeschäftigung und unsere Chancen auf einen gut bezahlten Arbeitsplatz stehen gut.

Wir sehen selbstbewusst und optimistisch in die Zukunft.

Wie ist es dir auf dieser Zeitreise ergangen? Sicher ist eine Fülle von Erinnerungen wach geworden. Auf den nächsten Seiten ist Platz für deine ganz persönlichen Erfahrungen und Erlebnisse ...

Unsere Zeitreise durch Kindheit und Jugend ist hier zu Ende – die Reise deines Lebens geht weiter. Alles Gute!

Erinnerungen
aus Kinder- und Jugendtagen

Hier ist Platz
für ein Foto aus deiner
Kindheit

Was ist deine früheste Erinnerung?

....

....

....

....

....

**Erinnerst du dich an ein Geschenk,
das dir als Kind besondere Freude gemacht hat?**

....

....

....

....

Wer war dein erster bester Freund/deine erste beste Freundin?

....

....

Was war dein größter Wunsch als Kind?

....

....

....

....

Bist du gerne zur Schule gegangen? Hattest du ein Lieblingsfach?

....

....

**An welches Ereignis aus deiner Kindheit
erinnerst du dich heute noch besonders deutlich?**

....

....

....

....

....

....

Erinnerst du dich an den ersten Kinofilm, den du gesehen hast?

....

....

Wann warst du zum ersten Mal verliebt und in wen?

....

....

Wohin ging deine erste Urlaubsreise?

....

....

Was war dein Traumberuf?

....

....

Welchen Beruf hast du gelernt?

....

....

Weißt du noch, wie hoch dein erster Lohn war
und was du damit gemacht hast?

....
....
....
....

Auf was hast du gespart und was war deine erste größere Anschaffung?

....
....
....

Was ist dir aus deiner Jugend besonders einprägsam in Erinnerung geblieben?

....
....
....
....
....
....

Welche Träume hattest du in deiner Jugend?
Welche davon konntest du dir erfüllen?

....

....

....

Gibt es etwas Entscheidendes, was du heute anders machen würdest?

....

....

....

....

Welche Botschaft würdest du der jüngeren Generation am liebsten mit auf den Weg geben?

Zu guter Letzt
deine Botschaft

....

....

....

....

....

Happy Birthday!

Für jeden die passenden Wünsche zum Geburtstag finden Sie auf:

www.groh.de
facebook.com/grohverlag

Bildnachweis:

Titel: Interfoto; S. 2: H D Barlow/Hulton Archive/Getty Images; S. 3: Alvis Upitis/Fototrove/Getty Images; S. 4, 14, 15 u., 18, 20 r., 21 l., 22 l. u., 24, 28, 31, 34 r., 34 l., 35 l., 36, 48, 52: INTERFOTO/TV-Yesterday; S. 5 o.: Archive Photos/Hulton Archive/Getty Images; S. 5 u.: L. R. Legwin/Archive PhotoS/Hulton Archive/ Getty Images; S. 6: George Marks/Retrofile/Getty Images; S. 7: INTERFOTO/Moore; S. 8: INTERFOTO/Pulfer; S. 9, 10 re., 22 r., 46 u., 46 r.: INTERFOTO/ Friedrich; S. 10 l., 11 l.: INTERFOTO/Tci/Marka; S. 11 r., 16, Rückseite: INTERFOTO/Mary Evans/John Gay/English Heritage.NMR; S. 15 o.: Heribert Albrecht; S. 12: Bettmann/Corbis; S. 17: INTERFOTO/Sammlung Rauch; S. 19: INTERFOTO/Schinkel; S. 20 l., 27 o.: INTERFOTO/Mary Evans; S. 21 r.: Hans Enzwieser Hulton Archive/Getty Images; S. 22 l. o.: INTERFOTO/V & A Images; S. 25: picture-alliance/akg-images; S. 26: vovashevchuk/iStock/Thinkstock; S. 27: Jacobsen/Hulton Archive/Getty Images; S. 29 o., 30: INTERFOTO/LP; S. 29 u.: INTERFOTO/ATV; S. 32: Thinkstock/iStockphoto/lucielang; S. 33: weseetheworld/fotolia; S. 35 r.: CARL MYDANS/ The LIFE Picture Collection/Getty Images; S. 37 o., S. 51: INTERFOTO/CLASSICSTOCK/H. ARMSTRONG ROBERTS; S. 37 u.: INTERFOTO /Oliver J. Graf; S. 38: Interfoto/Zill; S. 40: iStockphoto/Thinkstock; S. 41 o.: Carl Purcell/Hulton Archive/Getty Images; S. 41 u.: INTERFOTO/SuperStock; S. 44: INTERFOTO/Friedrich Rauch; S. 46 o.: INTERFOTO/ALIAS; S. 49: Rolls Press/Popperfoto/Getty Images; S. 50 l.: INTERFOTO/Al Herb; S. 50 r.: INTERFOTO/Lebrecht Music Collection/MirrorpixM; S. 53 o.: INTERFOTO/Marco Bertram; S. 53 u.: INTERFOTO/ Ferdo.

Für die Genehmigung zum Abdruck der Vornamensliste auf S. 6 danken wir www.beliebte-vornamen.de (Knud Bielefeld).

Idee und Konzept:

Die nachhaltige Waldbewirtschaftung und die verantwortungsvolle Gewinnung des Rohstoffs Papier ist uns ein Anliegen. Daher werden alle Buch- und Kalender-Neuheiten auf FSC®-zertifiziertem Papier gedruckt.

MIX
Papier aus verantwortungsvollen Quellen
FSC® C011862
www.fsc.org

ISBN 978-3-8485-1215-7
© GROH Verlag GmbH, 2014

GLÜCKWÜNSCHE ALLES GUTE

SPASS ÜBERRASCHUNGEN BUNTE WÜNSCHE

Einen guten Tag FREUDE SCHENKEN

Welch schöneren Anlass könnte es zum Feiern geben, als den Tag, an dem Sie geboren sind? Schön, dass es Sie gibt, will Ihnen jemand sagen! Begegnungen wie diese machen uns reich und geben Kraft. Was liegt schon alles hinter Ihnen, was noch alles vor Ihnen? Bei GROH suchen wir zu diesem Anlass nach der passenden Botschaft. Denn da ist jemand, dem Sie wichtig sind und der an Sie denkt.

Ihr *Joachim Groh*